7
Lk 3469.

conserver la couverture

BAINS
DE MER
de
la Rochette.

Lithographie de Lége
à Bordeaux.

BAINS

MARIE-THÉRÈSE.

LA ROCHELLE,

IMPRIMERIE DE VEUVE CAPPON, IMPRIMEUR DU ROI,
RUE DU TEMPLE, N.º 45.

An 1827.

BAINS

MER-INTÉRIEUR.

LA ROCHELLE

Imprimerie A. SIRET, Imp. Breveté du Roi,
Rue de l'Escale, N° 18.

BAINS

MARIE-THÉRÈSE.

Les rives de la Baltique, les digues de la Hollande, les côtes de l'Angleterre, se couvrent d'Établissemens destinés aux Bains de mer.

La France qui en compte quelques-uns en projette de nouveaux, et bientôt un immense cordon sanitaire tiré de Cronstadt à Bayonne permettra d'offrir aux malades de nos jours l'heureuse application de l'une des brillantes parties de la Therapeutique judicieuse des anciens.

Les faits se pressent et s'accumulent; des essais nombreux, des succès constatés, justifient la pratique de ces temps reculés où les chefs des nations, les magistrats et les prêtres étaient tenus de se baigner deux fois par jour.

Les côtes de la Grèce et de l'Italie sont semées de ruines qui attestent que les peuples qui habitèrent ces terres classiques des institutions utiles, ne mettaient point de bornes au luxe de leurs délicieux Bains de mer.

Les Hollandais, nos contemporains, malades ou demi-malades, se baignent journellement à la mer, et les nombreux ouvrages de leurs médecins, en proclamant l'importance et la variété des cures obtenues dans leurs Établissemens, ont fait sentir la nécessité d'en créer de nouveaux.

En Angleterre, dans tous les rangs de la société, quiconque veut conserver ou rétablir sa santé, se plonge pendant quelques semaines, dans les eaux du golfe de Forth, de la Manche ou du canal St-Georges, et les médecins des trois royaumes administrent hardiment l'eau de mer à l'intérieur.

Les heureux insulaires de l'Australasie, coulent une partie de leurs jours sous les eaux salées qui baignent leurs bords fortunés, et l'on a vérifié chez eux, comme dans le Nord, qu'à nombre égal, il y a, dans un temps donné, moitié moins de malades du côté des baigneurs, que leurs maladies sont moins dangereuses et les convalescences plus courtes et moins pénibles.

En France où la beauté n'est pas moins appréciée que la santé, les femmes négligeront-elles ce moyen si facile de conserver l'une, de rétablir ou d'affermir l'autre ?

La position topographique de la Rochelle, sa distance peu considérable et, à peu-près égale, de Nantes et de Bordeaux (*), la beauté de ses rades, la douceur constante et l'uniformité de sa température, ont déterminé une Société, à former un Établissement de Bains de mer en cette ville.

C'est là que l'eau de mer dans sa plus grande pureté est véritablement efficace; si les sels de cette contrée sont recherchés pour leur bonté, c'est que les eaux qui les produisent jouissent d'une qualité spéciale, cette spécialité est si bien reconnue, que souvent elles sont expédiées à l'intérieur, même à de grandes distances, après avoir été concentrées par l'ébullition, pour diminuer les frais de transport.

A la Rochelle on a souvent remarqué qu'il y avait plus de médecins que de malades, et l'on voit fréquemment des vieillards plus qu'octogénaires, y fournir bien portans, leur carrière prolongée : résultat nécessaire de la bonté du sol, des eaux, de la température et de l'heureuse constitution de ses habitans.

Un Établissement où l'on est forcé de se rendre de loin, souvent avec peine et à grands frais, ne doit point se faire progressivement et par fractions:

(*) La distance de la Rochelle à

Saintes, est de 9 postes environ.	Niort, est de 8 postes environ.
Angoulême, » » 17 dito dito.	Poitiers, » » 17 dito dito.
Limoges, » » 29 dito dito.	Tours, » » 30 dito dito.
Bordeaux, » » 20 dito dito.	Orléans, » » 45 dito dito.
Nantes, » » 18 dito dito.	Paris, » » 60 dito dito.

les malades veulent être soulagés; ils ne se déplacent pas pour ne remporter que l'espérance de la saison prochaine; on a voulu rendre celui de la Rochelle complet, sous ce rapport, autant que le commande l'état actuel de la médecine.

Les bains froids ou de lame, dont l'efficacité est hors de doute, ne suffisent pas en toute circonstance et ne conviennent pas à toutes les constitutions : l'eau de mer rendue thermale, en acquerrant des propriétés nouvelles, satisfait à de nouvelles indications non moins déterminées.

Les bains chauds et les douches seront administrés dans les deux pavillons du bâtiment, dont les plans sont joints à cette notice.

Cet Édifice élégant et d'un style original, entouré de bosquets, domine la rade, dont l'aspect pittoresque est animé par le mouvement maritime de la Rochelle, par le passage des vaisseaux du Roi qui se rendent au port de Rochefort ou qui en sortent, et de tous les bâtimens qui explorent journellement les pertuis.

La nature de cette entreprise et les exigeances de l'époque, imposent à un Établissement consacré à la santé publique, la condition de n'être pas dépourvu d'agrémens, aussi des salles de restaurateur, de lecture, de bal, de repos, de billard et même une glacière, en sont les accompagnemens obligés.

La Légende jointe aux dessins lythographiés, fait connaître le plan général de l'Établissement, ses distributions et la destination de ses parties diverses.

La Rochelle que, depuis HENRY IV, nos Rois honorent du titre de *Bonne Ville*, compte parmi ses monumens publics, une Bibliothèque nombreuse et variée; un Cabinet d'histoire naturelle, riche des plus brillantes productions de la mer; un vaste Jardin botanique; un Arsenal devenu célèbre par l'ordre et les distributions ingénieuses de sa salle d'armes (*); une Salle de spectacle; des Hôtels garnis; des Maisons d'éducation et des Pensionnats dirigés par des maîtres des diverses communions, des logemens commodes et à bon marché : enfin, les vivres y sont abondans et d'excellente qualité.

Rochefort et ses magnifiques Établissemens; les beaux travaux du Canal de Niort; les riches salines des îles de Ré et d'Oléron, leurs vignobles si productifs, leurs plaines si fertiles, seront pour les Baigneurs des buts d'excursions faciles, agréables et salutaires (**).

(*) Il faut pour visiter l'Arsenal, demander à M. le Directeur d'Artillerie une permission qui n'est jamais refusée.

(**) La distance de la Rochelle à Rochefort, est de 5 lieues et les communications d'une extrême facilité au moyen de plusieurs voitures qui font journellement le trajet d'une ville à l'autre.

La distance aux îles de Ré et d'Oleron, est de 3 à 6 lieues suivant le point qu'on désire aborder, et les communications sont également journalières par le moyen de bateaux de passage, pontés, qui offrent toute sécurité.

Les travaux du Canal de Niort commencent aux portes même de la ville.

(8)

Le fond de la plage est un calcaire tendre sur lequel sont placées des tentes portatives pour le service des Baigneurs.

Les Bains situés à 400 mètres du rempart et à 800 mètres de la digue de Richelieu, sont liés à la ville par un superbe Cours, rendez-vous général de la Société pendant la belle saison : Ils seront ouverts le 1er Juin de cette année, sous le nom de MARIE-THÉRÈSE, titre auguste dont la bonté de Son Altesse Royale Madame la Dauphine, a bien voulu permettre de les décorer.

Légende.

1. Cours du Mail.
2. Corderie.
3. Pont.
4. Péristyle : à droite et à gauche Bureaux.
5. Grande Salle d'assemblée et de bal.
6. Salle de rafraîchissement et Restaurant.
7. Salle de billard.
8. Vestibules.
9. Salon de réunion pour les dames.
10. Salon idem pour les hommes.
11. Galerie servant de dégagement aux Salons.
12. Cabinets de bains chauds pour les dames.
13. Cabinets idem pour les hommes.
14. Cabinets de douches.
15. Escaliers conduisant aux chambres de repos.
16. Escaliers conduisant à la Terrasse qui règne sur la galerie (11) de laquelle on jouit de la vue des rades de Chef-de-Baye, des Basques, de l'Ile-d'Aix, des Iles de Ré, d'Oleron et du pertuis d'Antioche.
17. Cabinets d'aisance.
18. Escaliers des cuisines et servitudes.
19. Terrasse au pied de laquelle sont placées les tentes des baigneurs à la lame.
20. Bosquets.

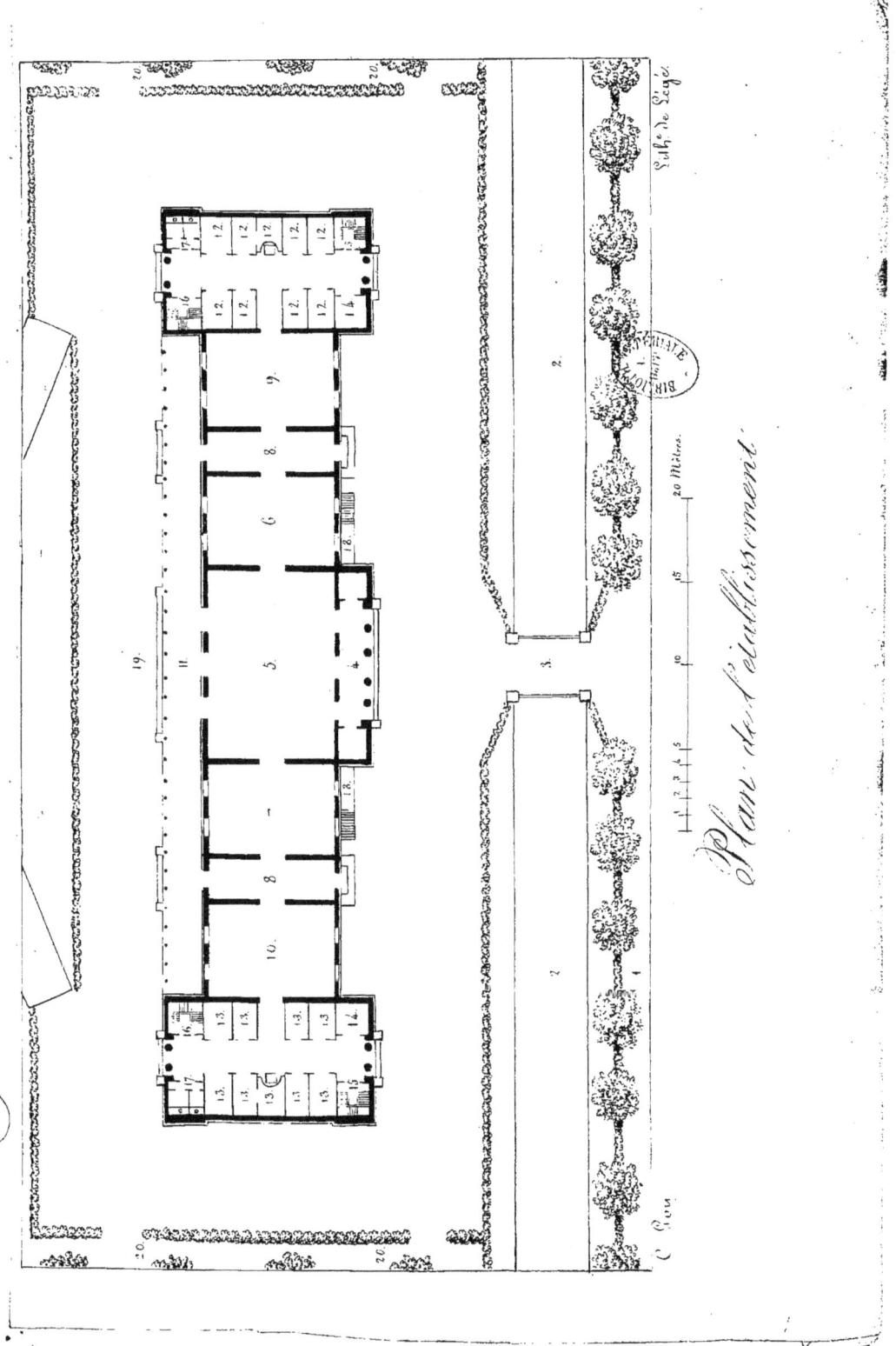

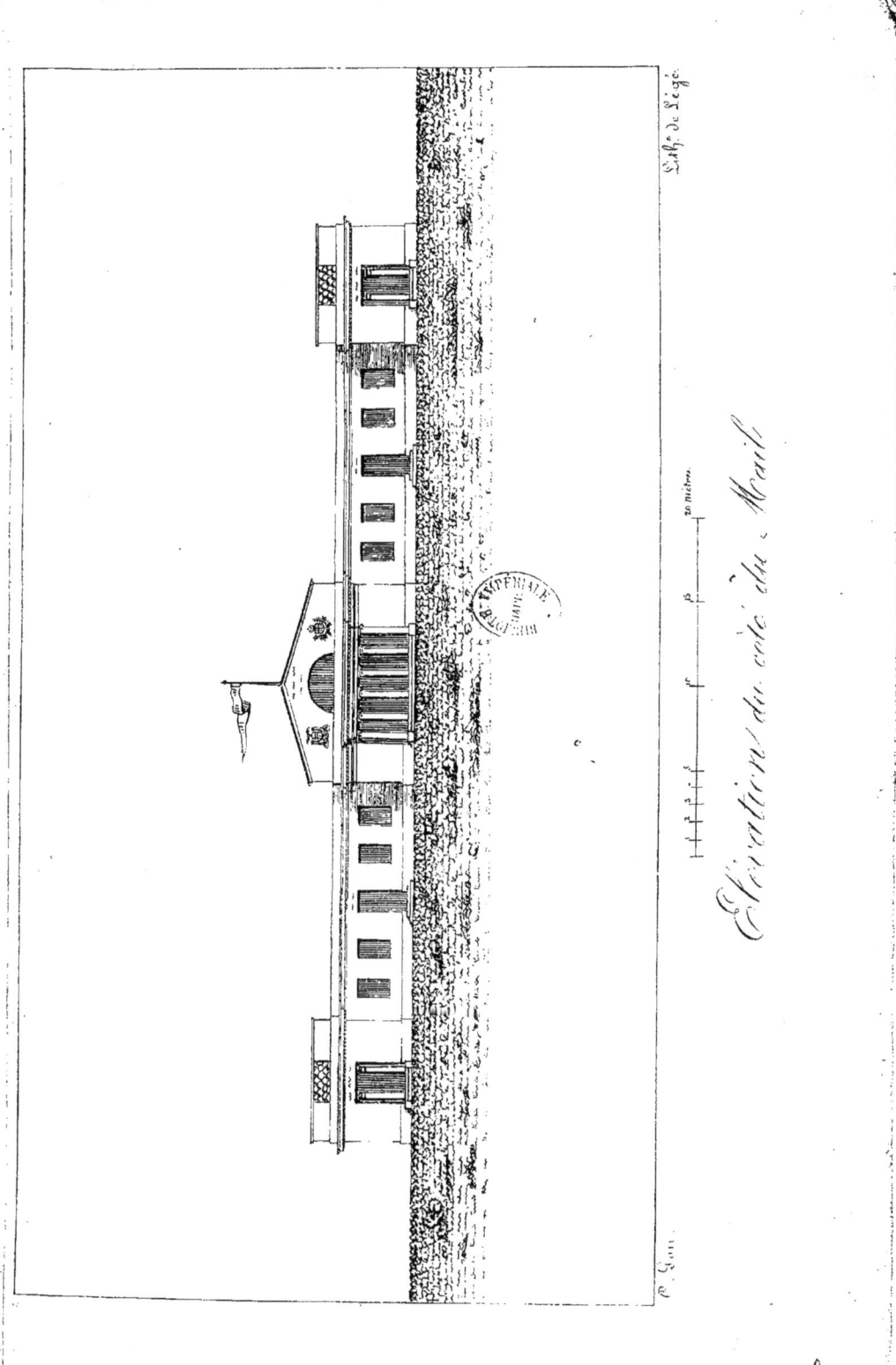

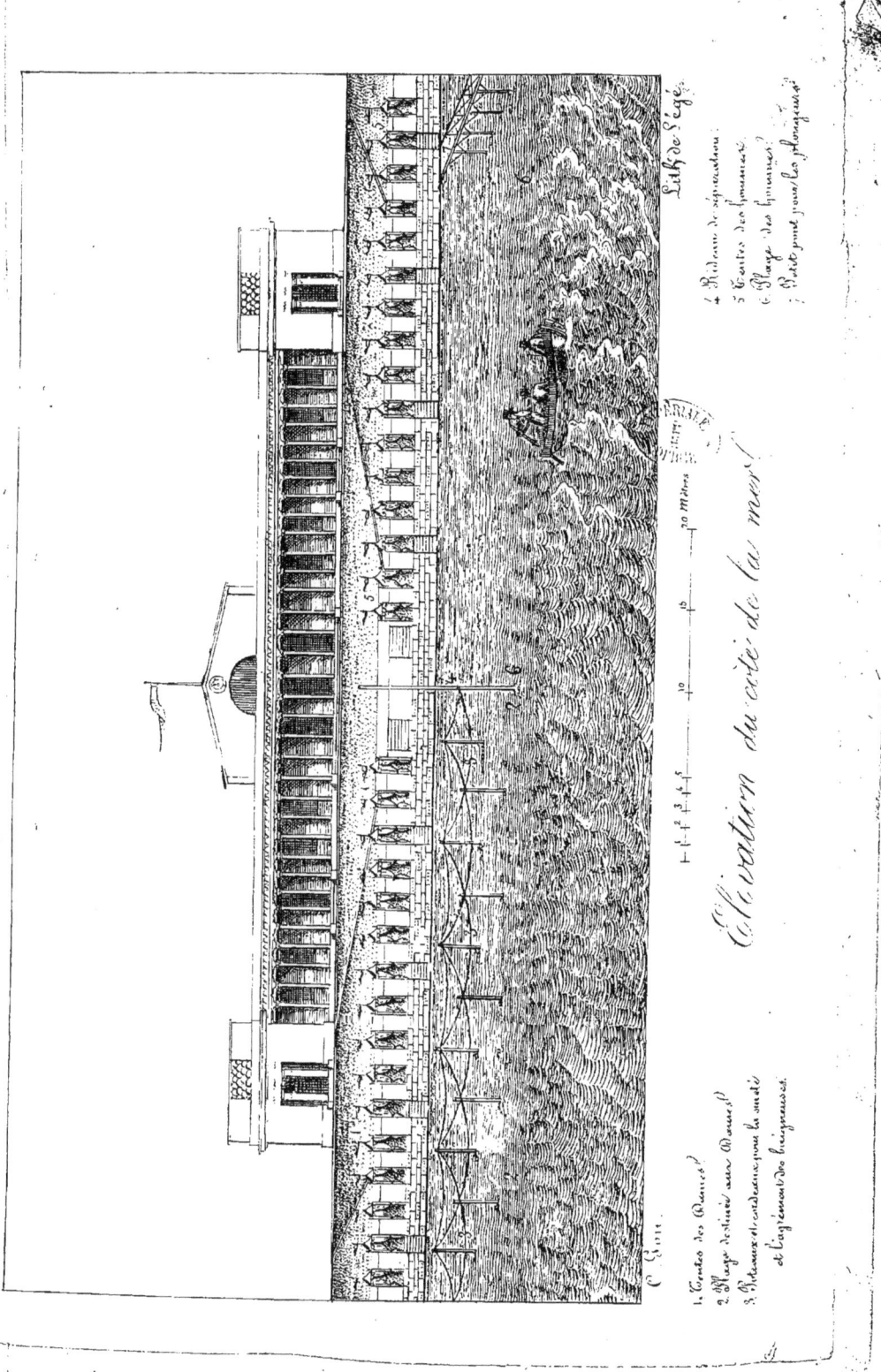

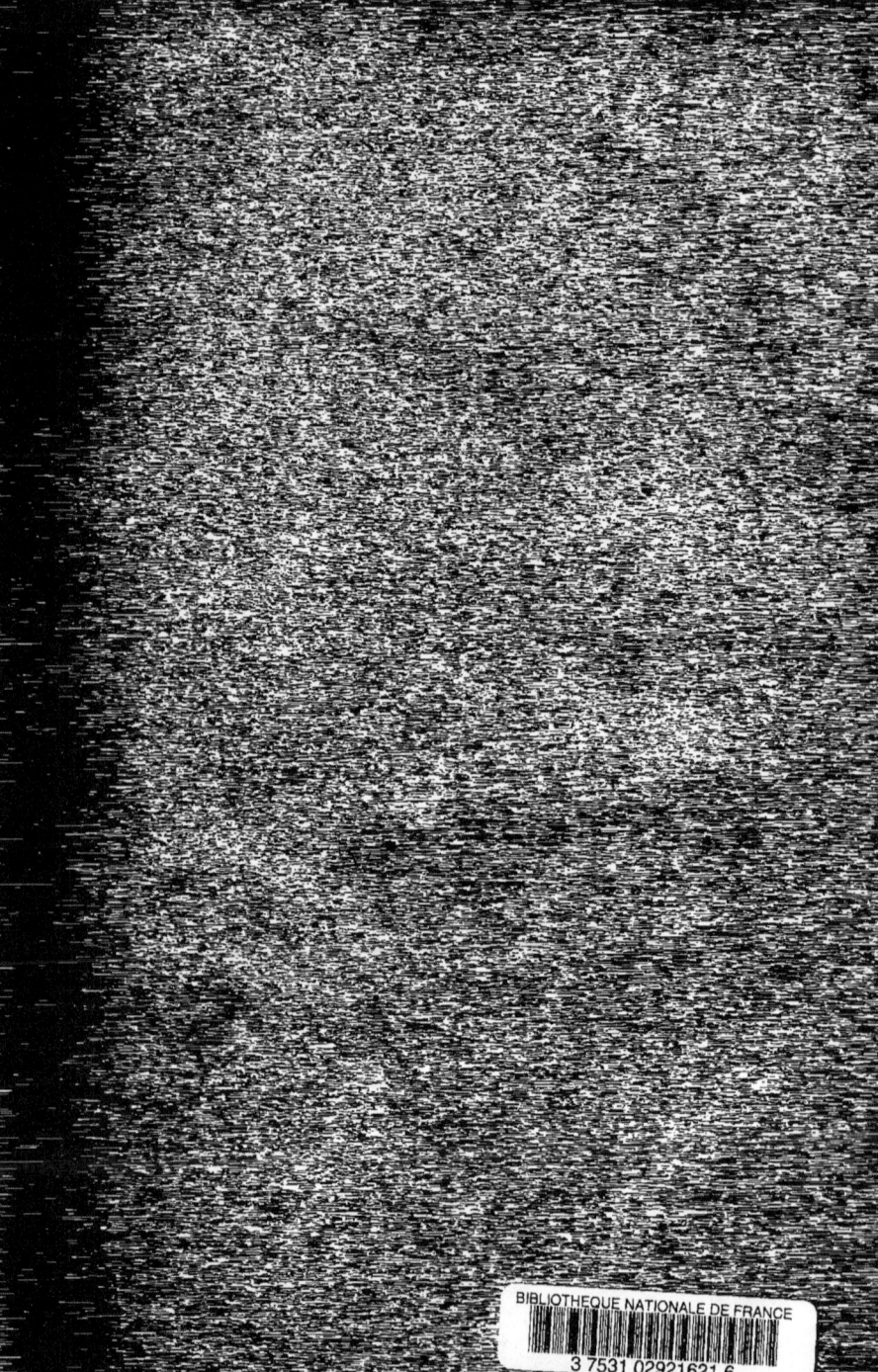

www.ingramcontent.com/pod-product-compliance
Lightning Source LLC
Chambersburg PA
CBHW060639050426
42451CB00012B/2672